I am capable of amazing things!

I believe
in myself

I'm kind

I have a great
imagination

My word
is beauty

I am important

The world always surprises us

I have the power to change my world

I am love the music

I believe in
my abilities

I love nature

Let's explore together

with effort you
can achieve
everything

Today is full of endless opportunities

I am
generous

I matter and I am loved

I improve with practice

I am a good friend

I am brave
and strong

I won't give up

I share joy

I am resourceful

I always
give 110%

I am very
funny
MAGIC

I am unique

I have a
big heart

Let's take care of our pets

I am glamorous

I am clean

I am worthy of love

I am obadient

I am healthy

I am bold

Let's take care of nature

Exceeded my limits

I take care
of my home

I have great ideas

I am
grateful
with my
live

I think
positively

I have
very luck

I am
optimistic

I am
unique

I am
fun

I am
princess

I am
active

I am
amazing

I am
fighter
1

I am
responsible

I am
dreamy

I am
loving

I am
flirt

I am
brave

I am
decided

I am a
sportswoman

I am
smart
B
C
A
1
1

I am
beautiful

I am
healthy

I am
artist

I am
rebellious

I am
fabulous

I am
the security
STOP
GO

I clean
and recycle

I am
patience

I am a
protector

I love dreams

I have
style

I have
imagination

I have talent

I am
Persevering

I am
A dancer

I take care of my friends

I take care of myself
soap
Shampoo

I'm good

I am
Creative
Ink
color

I am
Curious

I am
the future

I am
happy

I am
strong

I am glamorous

I am
intelligent
A+

www.ingramcontent.com/pod-product-compliance
Lightning Source LLC
Chambersburg PA
CBHW081230250726
48654CB00012B/1279